そのまま大丈夫

小さな町の小さなお寺の
お坊さんが伝えたい、
大切なこころ

望月泰彦
もちづき たいげん

はじめに

つらいとき、苦しいとき、迷ったとき、悩んだとき、たったひとことが、自分の心を救ってくれることがあります。私自身、これまで様々な言葉によって救われてきました。言葉は〝言霊（ことだま）〟といい、魂を宿すとされ、その言葉の中にある真心が伝わってくるからです。

今、社会が情報化・合理化され、便利になったのと引きかえに、多くの人たちの心が悲鳴をあげています。便利になることが必ずしも、人の幸せとイコールにならないことが感じられてなりません。

私は、僧侶になってからというもの、仏さまの弟子として、この苦しみ多き社会の中で「自分にいったい何ができるのか?」、真剣に向き合い、悩み続けました。そして、「僧侶はこうあるべき」といった既成概念を、あえて打ち破らなければ、現代社会に生きる人々の心に響く布教は難しいであろうという結論に至りました。教えを一方的に伝えるような説き方ではなく、人々の心に寄り添い、ほんの小さな灯となれるよう日々精進したく思っております。

　自分が、まだまだ未熟者であることは重々承知しております。しかし、自分が照らせる範囲で光を灯すことはできるはずなのです。たとえ、人間一人の力は小さくても、その小さな灯がたくさん集まれば、大灯明となっていきます。不器用な私には小さなことしかできません。この広い世界の中の小さな存在でしかありません。しかし、精一杯の真心を込めたその小さな灯が、人ひとりの人生を変える力となるかもしれないのです。

　本書は、そんな小さな存在である一介の僧侶の私が、誠心誠意を込めて綴った、小さな灯のような存在であってほしいと願っております。手に取って読んでくださった人の心に、ほんのささやかな温かい光が宿ることを心より祈念し、『小さな町の小さなお寺のお坊さんが伝えたい、大切なこころ』シリーズ第二弾として、ここに刊行させていただきます。

　私のように、何をやっても不器用にしか生きることができないような人、それでも、ひたむきに頑張って生きているような人にとって、人生をよりよく生きるためのひとつの指針となるものと信じています。

目次

第二部 悩んでる人に力を与える言葉

第三部 お釈迦さまの教え

この本は、ブログ『伝えたい、大切なこころ～小さな町の小さなお寺のお坊さんのブログ～』から文章を抜粋し、新規原稿を加えて一冊にしました。

左ページにある『ひとこと説法』は、何かに迷ったときや、一日の始めなどに、占いがわりのメッセージとしてお読みください。

第一部

伝えたい、大切なこころ

○今日をどう生きるかで……

明日を変えるための言葉

人間はどうしても、
先のことを案じてしまいがちです。
私もけっこう心配性なところがあるので、
考えすぎて余計な妄想から精神的に参ってしまったり、
先に進めなくなってしまうこともありがちです。

しかし、よくよく考えてみると、

今日は、昨日の結果

であり、

今日は、明日の原因

となるんですよね。

余計なことを考えすぎず、大切なのは、

今をどう生きるか⁉

です。

今日一日を、悔いの残さぬように、
一生懸命に生きることができた人は、
夕日の美しさが違ってきます。
明朝の日の出の美しさも違ってきます。

心象風景という言葉があるように、

ひとこと説法　幸せへの近道

幸せへの一番の近道は、今、自分が幸せであることに気づくことである。

人間は心にも眼を持っているからです。

心の眼に曇りがなければ、
美しいものは、よりいっそう美しく感じるんです。

様々なことに不満を感じるようなときは、
この心の眼が曇っているときなんです！

その心の眼を曇らせないために、
私たちが心がけなければならないこと、それは、

今というこの瞬間を
大切に生きること
です。

人生は、常に〝今〟の積み重ねなのですから。

お経を覚えるのも、毎日の地道な積み重ねでした。
一日怠《おこた》れば、確実に今まで読めた経文ですら、
読めなくなってしまいます。

休息と怠るは、違います!!
怠ることからは何も生まれません。

過ぎ去った過去を悔やむのではなく、
まだ見ぬ未来を恐れるのではなく、
意識を〝今〟に集中させましょう。

今日をどう生きるかで

ひとこと説法 あいさつ

あいさつを軽んじる者は、尊き縁をみずから逃しているようなものだ。

明日の自分が決まる!

一生懸命働いたあとのご飯が美味しいように、
今日を精一杯生きることができれば、
気持ちのいい、清々しい明日を迎えられます!
自分しだいです。

失敗しても反省は一度すればOK。
人生は気持ちの切り換えが大切ですから。

少欲知足

「毎日が忙しすぎる」

「もっとゆとりが欲しい」

と感じている人、けっこう多いと思います。

現代社会は、あまりにも忙しく、慌ただしく、
振り回されるように毎日が過ぎ去っていきます。
ときには、溺そうになってしまいそうになります。
しかし、私たちは社会の一員として生きていく上で、
様々な責任を果たすことが、義務づけられ、
それをこなすだけで精一杯というのが現実です。

ひとこと説法　人間の度量

立派な人間ほど謙虚。器の大きい人間ほど柔軟。

生きるためには、仕方がないことだと、諦めるしかないのでしょうか⁉

私自身、そんなことを思っていたとき、
以前、伯母が言っていた言葉を思い出しました。
それは、

「今思えばあの頃が一番楽しかった」

という言葉です。

伯母は四人の子供を育てながら、農業を営んでいました。
とても忙しい日々を送りました。
自分の時間なんて、まったく持てなかったと聞きます。
しかし、子供たちが成長し、大人となって、それぞれに巣立ち、
やっと自分の時間を持てるようになった伯母に待っていたのは、
心にポッカリと穴が空いたような生活だったそうです。

そうなんです。伯母にとっては、たとえ忙しくとも、子供たちとワイワイやっていた日々が、**実は一番幸せな日々**だったのです。
きっと振り回されるような毎日だったと思います。
伯母は、いつでも無我夢中だったに違いありません。
それでも人間、
何かに夢中になれるってことは、
実は幸せなことなんです。

だから人間の幸せは、
今、自分がどういう環境にあるかではなく、
今、自分がどういう気持ちで生きているか
が、重要だと思うんです。

ひとこと説法　理解を求める

すべての人に解ってもらおうとすると苦しむ。まずは、最初の一人から。

環境を変えられない状況なら、いくら嘆《なげ》いても仕方ありません。
なので、自分自身の気持ちを変えていきましょう！
……とはいっても、人間の気持ちというのは、
自分ではなかなかコントロールできないものですよね。
具体的なコツが必要です。
よろしければ、**私なりのコツ**を伝授いたします。
あまり役に立たないかもしれませんが……。

どうすればいいのかといいますと……⁉

「私は今、幸せ」
と、とても思えない状況ならば、それを、

「とりあえず幸せかな」

程度にして、心に思ってみるんです。
これなら自分の中で、納得できる範囲です。
人生、高望みしたらキリがありませんから。
少なくともこれで、気持ちがネガティヴな方向に進まなくなると思います。

例えば、
「毎日いろんなことがあるな〜。
あ〜あ、やってられん」
と言ってしまえばネガティヴですが、
「毎日いろんなことがあるな〜。
けど、**とりあえず幸せ**」
と言えば、それなりにポジティヴな気持ちを取り戻せませんか？

仏教ではこれを、**「少欲知足（しょうよくちそく）」**と言います。
環境を変えられなくても、気持ちは変えられます！

ひとこと説法　友

楽しみをわかつ友もいいが、それ以上に、苦しみをわかつ友は尊い。

状況を打開できなくても、心持ちは変えられます！

変えられないことにいつまでも悩むより、
変えられることに意識を向けましょう！

あとあと、人生を振り返ったとき、
自分自身にとって、〝今〟が一番幸せ
だったと思うかもしれないのです！

ホントに！

後ろ向きに過ごしたら、もったいないです。

すごいポジティヴじゃなくていいんです。
ちょいとポジティヴを目指しましょう！

これならできます。
略して、〝ちょいポジ〟
これでOK牧場。

できない目標より
できる目標。

少欲知足：欲を少なくすることで、心が満たされていくこと。

ひとこと説法　頂上は近い
厳しい峠の向こうにこそ、雄大な景色が広がっているものだ。

○自分のことを不幸だと思っている人へ

インサイド・アウト（内から外へ……）

人間誰しも、毎日の生活の中で、
楽しいことや嬉しいことが少なかったり、
逆に、苦しいことやつらいことが多かったりすると、
自分のことを不幸だと思い込んでしまいます。

周りの人たちが楽しそうにしていると、

「なぜ、自分だけが……」

と妬《ねた》ましくも思ってしまいます。

私も、以前の職場は忙殺されるような仕事で、
常にパニくっていました。

毎日、ゆとりがなく、
元来、のんびり屋で不器用な私は、
過度の**ストレス**と**フラストレーション**で、
精神的に追い込まれていました。

「このまま一生、こんな調子で生きなければならないのか!?」
と考えただけで、心が病んでいきました。

特に、自分とソリの合わない上司のもとで、
嫌な思いをしながら働くのが耐えがたく、
苦しんでいました。

ひとこと説法 不幸

不幸に己の心がとらわれさえしなければ、不幸は不幸でなくなるのだ。

そのときの私は、自分のことを、

「運のない不幸な人間だ」

と嘆いていました。

そんな折、ボランティアで、

ホスピスの病院へ慰問することになりました。

すると、そこには、

命の期限の宣告をされた人たちが、

自分の運命に負けることなく、

最善を尽くして生きている姿がありました。

そこで、一人の患者さんが、私におっしゃいました。

「先が短いことは不幸なことかもしれませんが、

それだけに一瞬一瞬を大切に思っています！
最後の最後まで諦めません！
楽しいことに目を向けて生きていきます！」

私は、この言葉に、
自分自身が恥ずかしくなりました。
「自分よりもっと過酷な境遇にある人たちが、
こうして頑張っているのに、
自分はいったい何をしているんだろう」
と反省させられました。

そのときの私は確かに、毎日がつらく苦しかった。
しかし、この命ある限り、

ひとこと説法　**学問とは**

学問とは、知識に溺れることにあらず、自他ともに幸せとなるための英知なり。

一〇〇%の不幸
なんてありえないのです。

本来、人間は、
命があることだけで、幸せなことなのです。
そう思うことこそが、内側から生まれる幸せなのです。

それなのに私は、外側から襲ってくる苦しみに、
この世の不幸をすべて背負ったかのようなごとく、
苦悩していました。

真の幸せは、
自分の内側から生み出すもの

だということを忘れていました。

私は、自分で自分の不幸を増大させていただけなのです。

ホスピスの病院に入院されていた皆さんは、
たとえ今、世の中に貢献していなくても、
私の心に、
人として本当に大切なこと
を教えてくださいました。

この世に
意味のない存在

ひとこと説法 感動

人は、動いてこそ感じる。行動してこそ、感動は生まれる。

なんていない。

心から、そう思いました。

このボランティアに参加したことが、
私の中の迷いを消してくれたのです。

人は楽しいことや嬉しいことがあると幸せだと思い、
嫌なことがあると、不幸だと思ってしまいます！
しかし、それは外側から起こる出来事に、
一喜一憂しているだけのことです！

人間は今、どんな境遇にあろうとも、
生きていること自体が宝なのです！
命があるだけで立派なのです！

あとは、付加価値でしかないのです！

真の幸せ、
それは外側から
来るものではなく、
内側から。

幸せだから感謝するのではなく、感謝するから幸せなんです！
自分から幸せの種をまきましょう。

※インサイド・アウト＝自分の内面から変えていくという考え方。
（スティーブン・R・コヴィー）

ひとこと説法　偏り

ほめるばかりでは、人は高慢になる。叱るばかりでは、人は卑屈になる。

○頑張っても報われないとき……

苦しみの正体……!?

人間誰しも、頑張っても頑張っても、
報われないような日々が続くと、心が折れそうになってしまいます。

私も以前、勤めた職場で、突然、先輩が転職することになり、
その先輩が抱えていた膨大な量の業務を、
急きょ、私が引き継ぐことになってしまったときは、
つらい日々が続きました。
毎日、毎日、夜遅くまで頑張りましたが、
全然覚えられませんでした。

そのときは仕事に行くのが、

苦しくて苦しくて、

心が折れそうでした。

全力を尽くしても、結果が出せない自分に、
惨《みじ》めで、情けない気持ちでいっぱいになりました。

そんな日々が何ヶ月も続くと、
自分の存在そのものがイヤになり、
心は暗闇の中に堕ちていきました。

「苦しい……、もう嫌だ……」
「こんなに頑張ってるのに……」

ひとこと説法　少しずつ前進

慌てず、焦らず、ただ、立ち止まらず。

生きるのが苦しかったです。

そんな心身ともに疲れ果て、落ち込んだ私を救ってくれたのは、
母のひとことでした。

それは、

**「今はつらくても、
いつか、いいときもやってくるよ」**

という言葉です。

この
「いつか、いいときもやってくる」
という言葉が、そのときの私の心にダイレクトに響いたのでした。

そのときの私は、
「すぐに何とかしよう、何とかしなければ……」
と、今現在の状況にとらわれすぎていて、
視界が狭くなってしまっていたのです。
刹那的《せつなてき》な感情に流され、
自分で自分を追い込んでしまっていました。

私を苦しめていたものの正体……
それは、自分自身の心が生み出した
焦《あせ》りだったのです。

物事には、すぐに解決できることもあれば、
時間をかけなければ解決できないようなこともあります。
精一杯頑張って報われなかったとしても、

ひとこと説法　危険

人は浮かれすぎると、足元をすくわれる。

がっかりすることはないんです。
目には見えなくても、
水面下で、静かに物事は上向きに動いているんです。

むしろ、
「自分がやれることは
やっているのだから、
仕方がない」
と開き直ったほうがいいんです。

私も開き直ってから、
仕事の引き継ぎがスムースにいきました。
余計な力《りき》みがなくなったからです。

「今すぐ何とかしなければ……」
と、自分を追い込むから、
上手くいくものも、
上手くいかなくなってしまうんです！

「今すぐ……」
をやめて
「いつかきっと……」
にしましょう。

気持ちが落ち着きます。

結果は、自然に

ひとこと説法　バカな賢者

自分のことを賢いと思っている人間ほど、バカな人間はいない。

あとからついてきます。

焦らなくていい！
今、自分ができる範囲を
精一杯やればいい！

そうすればいつかきっと
いいときもやってくる。

この言葉は、自分自身に希望や安心感を与えてくれますよ。

○自分は運がない……と、諦めている人へ

解釈の違いが人生を変える

人生、幸運に恵まれ上手くいっている人もいれば、
不運にみまわれ、落胆している人もいます。
不運に遭遇したとき、
私たちは、それをどのように受け止めればいいのでしょうか。

何年か前に友人と初詣に行ったときの話です。
せっかくなので、運だめしにおみくじを引くことにしました。
友人は半吉でした。
しかし、私が引いたのは、
な……なんと、**大凶**だったのです。

ひとこと説法 頑固な正者
いくら正当性のある人間でも、融通がきかなければ、愚者である。

どへ～～～～～～～～～～～。

私は、

「新年から幸先が悪いな」

と、気を落としてしまいました。

「今年はツイてない年になりそうだ」

なんて思ってしまいました。

すると友人は、私のおみくじを見て、

「おお～大凶だ～、いいな～」

と言いました。


私は、友人がからかっているものだと思って、

「大凶の何がいいんだよ～」

と言い返すと友人は、
「今年の不運をこれで一気に
使い果たしたんだから、
あとは運気が上がるいっぽうだよ。
よかったな〜」
と言いました。

おお〜！

友人のその言葉で、気落ちしていた私の心は、
一気に快晴になりました。
まさに、ものは考えようです。

私は、

ひとこと説法 富と貧

富あるとも、心満たされずば貧者。貧なるとも、心満たされるは富者。

大凶＝今年の運勢は、これで決まり

友人は、

大凶＝今年の不運は、これで終わり

と解釈していたのでした。

この解釈の違いで、気持ちが、

一八〇度変わってしまったんです。

人生、幸運も不運も半分ずつやって来るとしたら、

先に不運が来たら、あとは幸運が待っている

と考えれば、落ち込んだりはしませんよね。

まさに、

大凶バンザ～イ

です。

人間、生きていれば誰しも、
不運に遭遇してしまいます。

しかし、そこで気落ちしてしまうから、
さらに、沈んでいってしまうんです。

不運に遭ったその出来事よりも、
むしろそのときの自分の気持ちがどうなのかが
実は、重要なんです!!

ひとこと説法　偽りの真《まこと》

多数派意見が必ずしも正しいとは限らない。

人間は、精神状態が落ちることで、
沈まなくてもいいところまで、
沈んでいってしまうのです。

気持ちさえしっかり保てば、
食い止められるんです！

不運をよりいっそう
不運に追い込んでしまっているのは、
自分自身の心持ちなんです！

こう解釈しましょう。

不運を使い果たせば

そのあとには幸運が待っている

自分より幸せそうな人を見ても、「運気が先に来ているだけ」と思えば妬みの気持ちも起こりません。

ひとこと説法 人を動かす

みずからが動いて初めて、人を動かせる。

○「毎日がつまらない」と思う前に……

虚《きょ》が実《じつ》になる

毎日、楽しいことが続いてくれればいいのですが、
そんな**都合よくはいかないのが人生**です。
かといって、いつまでもいつまでも、
つまらない毎日を送るのも、嫌ですよね。
どうしたら、楽しい毎日を送ることができるのでしょうか。

私が以前、福祉施設に勤めていた頃の話です。
ある日、何年かぶりの大雪が降りました。
翌日、出勤すると、施設の前は何十センチも雪が積もっていました。
その頃私は、事務系の職に就いていたので、

私の部署の職員は、雪かきを命ぜられました。
私は、溜まっていた書類を残したまま、
雪かきをやらざるを得ませんでした。

私が、
「やらなきゃならないことがたくさんあるのに、
なんでこんなことしなきゃならないんだ」
と、**ふてくされながら**作業をしていると、
そこへ後輩が、少し遅れて出勤してきました。
すると後輩は、まるで雪山にスキーかスノボーでもやりに来たかのように、
はしゃぎながら、雪かきを始めました。

私は、後輩に、
「よくこんな作業、楽しめるな!?」
と言うと後輩は、

ひとこと説法 明日こそは

「明日こそは…」と言っていると、何もできないまま、人生は終わってしまう。

「僕だってこんなこと、**ホントは嫌**ですよ！
でも、**楽しいふり**をしていれば、そのうちホントに
楽しくなるんじゃないかと思って……（笑）」
と言いました。

私は、

「その言葉にダマされてみるか」

と思い、雪かきを楽しいふりでやることにしました。
すると、最初は**楽しいふり**をしていたつもりが、
途中から、**本当に楽しく**なってしまい、
気がつくと、後輩と一緒に本気ではしゃぎながら、
満面の笑みで作業をやっていました。

結局、午後までかかって雪かきをしたのですが、

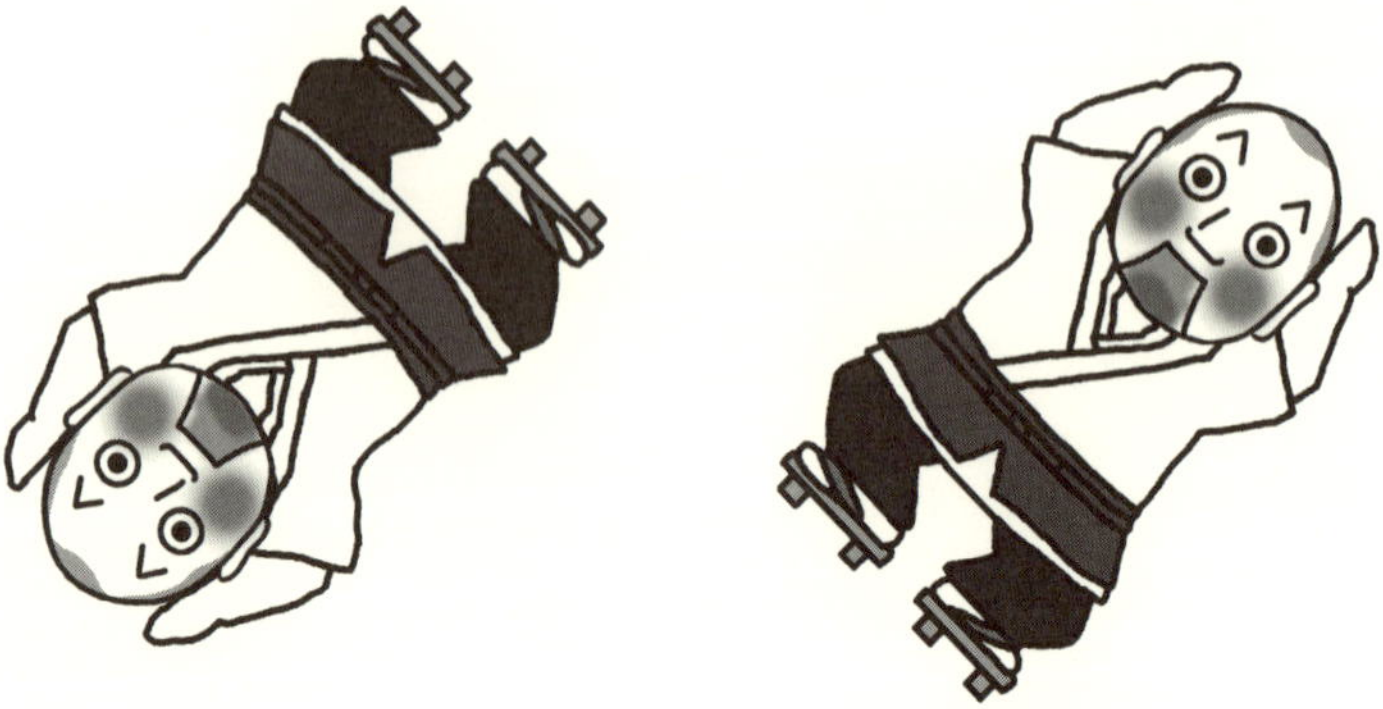

仕事というよりは、遊び感覚でやっていたので、
身体は疲れていても、気持ちは疲れていませんでした。
溜まっていた書類も、余力があったおかげで、
その日のうちに終えることができました。

私は、その経験で、
後輩からひとつ大切なことを教えられました。

人生は、
楽しいことがあるから、楽しい
のではなく、
楽しむ心があるから、楽しい
のだということを。

ひとこと説法　倒れても

“決して倒されない人”ではなく、“倒されても起き上がる人”となれ。

役者も、その役にのめり込んでいくと、自分自身が、
その役どころの人間そのものになってしまうといいます。

人生もしかり です。

最初から、つまらないと決めつけてしまうと、
楽しめる要素があることに、気がつけないのです。
最初は、楽しいふりであっても、
続けていけば、いつしか

虚が実

になることだってあるんです。

人生をつまらなくしているのは、

実は、自分自身の心かもしれないのです。

どんなことにも、きっと、
楽しいと思える要素があります！
それに気づけるか
気づけないかです！

まずは楽しいふりから
始めてみましょう。

楽しいか、楽しくないかは、
自分自身の心が
決めるんです‼

ひとこと説法　小こそ大事

小さなことを軽んじれば、大きなことは為しえない。

人生は、
「楽しもう」
と思えばこそ、
どんなことでも
楽しくなれるもの。

「面白いことないかな～」ではなく、
「面白くできないかな～」と思える自分になりたいですね。

○人間関係に疲れない生き方！

自分が自分であるために……

私自身が共感した言葉を、紹介いたします。

だれからも好かれる人間ほど、深く好かれない。

スタンダール氏の言葉より

ひとこと説法 真の宝物

お金では買えない宝物が、この世には、たくさん存在する。

人間関係に疲れてしまう人、そうでもない人、
人それぞれ、様々だと思います。
私はというと、けっこう疲れてしまう人間でした。
当然、疲れないで済むなら、そのほうがいいに決まってます。

なぜ、疲れてしまうのか？

私は以前、職場の同僚から、

「おまえは人に嫌われてはいないけど、
ただ、人に気を使いすぎだと思う」

と言われたことがありました。

自分では、あまり意識していなかったことなので、
同僚に言われて初めて、自分が、

人に気を使いすぎていたことに気づかされました。
人に気を使わない人間よりも、
気を使える人間のほうが、立派だと思っていましたが、
それも度が過ぎると、自分自身の首を
絞めてしまうということを思い知らされました。

いったい、私の何がまずかったのか？

私は、本来の自分というものを犠牲にして、
人から、嫌われないようにしていたのです。

「人に嫌われたくない」
という思いからは、

ひとこと説法　希望の在りどころ

希望はどこか遠くにあるのではなく、いつも自分の心の中に存在する。

人に嫌われるようなことをしない

という〝**束縛**〟が生まれます。

「人から好かれたい」

という思いからは、
自分のいいところを見せたい
という〝**無理**〟が生まれます。

この
「人から嫌われたくない」
「人から好かれたい」
という意識の過剰から私は、

本来の自分らしさを
殺してしまう
結果になってしまったのです。

これが、人間関係に疲れを感じていた原因だったんです。

「嫌いたい人は嫌えばいい」
「多くの人に好かれなくてもいい」
と考えるようになってからは、
以前ほど人間関係に疲れを感じなくなりました。

人間、どれだけ頑張っても、
全員から好かれるなんて
しょせん無理なんです！

ひとこと説法　雨が上がれば

雨が上がれば、美しい虹が出るように、悲しい別れの後には、必ず新しい出会いが待っている。

本来の自分を犠牲にしてまで、
無理に好かれなくたっていいんです。

ある程度は、自分らしく
ある程度は、周りに歩調を合わせる
でいいのではないでしょうか。

人生はバランスです！

ちょっとぐらい嫌われてもいい。すべての人に好まれなくていい。

人に嫌われることを怖《おそ》れてばかりいたら、
結局、人に振り回されるだけの人生で終わっちゃいます。

ひとこと説法　見守る

ときには、そっとしておくことが、本人の為になることもある。

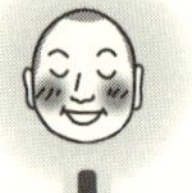

○幸・不幸とは⁉

人のあり方を教えてくれる言葉

私自身が日々を生きる上で、とても参考になった言葉をご紹介させていただきます。

幸福への道

早起する人　熟睡できる人
感謝して真剣に努力する人
仕事を趣味に能率を計る人

義務も責任も進んで果たす人
時間を守る人　礼儀正しい人
頼もしい人　融《ゆう》和《わ》を計る人
人も自分をも尊敬できる人
常に反省し素直に改める人
何事も善意に解釈する人
注意深い人　決断の早い人
心身の健康を心掛ける人
質素で金を活かして使う人
孝心深い人　恩に報いる人
親切で人の為によく尽くす人
良心と優しい愛情に満ちた人

ひとこと説法　**嫌われることを恐れない**

皆から好かれようと無理するから人間関係が疲れる。

恥を知る人　偽りのない人
信念に徹した人　辛抱強い人
どんな苦難も悠々と耐える人
生き甲斐を求め精進する人
夢と希望に笑顔で生きる人

不幸を自分で造る人

心の暗い人　不愉快に暮らす人
絶えず不満や愚痴《ぐち》の多い人
やる気がなくよくサボル人

無責任な人　法規を守らぬ人
時間も物も無駄にする人
陰口が多く人の和を乱す人
卑下《ひげ》する人　自信なく焦る人
信仰心がなく自我の強い人
神仏に無理な願いをする人
心が狭くすぐ腹を立てる人
暴飲暴食自分を粗末にする人
お金を浪費し賭事《かけごと》をする人
悪友も道楽暇も多すぎる人
公徳心なく迷惑を掛ける人
利己的気侭《きまま》自分本位の人

ひとこと説法　人としての基本

「ありがとう」と「ごめんなさい」が言えない人間にはなりたくない。

迷いも取越苦労も多い人
欲の深い人　自惚《うぬぼ》れの強い人
依頼心の強い人　苦労に負ける人
義理より権利を主張する人
貴重な一生を無為に過ごす人
（青葉山松尾寺「極楽、地獄の岐かれ道」より）

人間、なかなか自分をかえりみることができませんが、
この言葉をみずからの日々の行動・態度と照らし合わせると、
今、自分が〝幸・不幸〟のどのへんにいるのか
知ることができると思います。

いわゆる、

自分探しができる……

そんな言葉だと思います。

が、

いざ私自身のことを、この言葉に照らし合わせると、ただただ、

「穴があったら入りたい」

気分です（苦笑）。

日々、反省！

日々、改心!!

ひとこと説法　勝負のあとが肝心

人生、勝っておごらず、負けて屈せず。

○人生、終わってみるまでわからない!?

ある明暗を分けた、二人の人生の話……。

私の知り合いの女性で、SさんとYさんがいます。
二人は、短大生の頃、就職活動をしていました。
Sさんは、希望の大手企業に就職が決まりましたが、
Yさんは、どこからも内定をもらえず、
結局、卒業後、アルバイトをするしかありませんでした。

この時点で、二人の人生は明暗が分かれました……。

その後、Sさんは希望の会社で頑張り、
責任ある仕事を任されるまでになりました。

が、その責任を果たすために無理をして、過労が原因でガンになり、
今、死の恐怖と向き合いながら、闘病生活を送っています。

いっぽう、Yさんはバイト先で認められ、正社員になり、
そこで良縁に恵まれて結婚し、二人の子宝にも恵まれて、
今、あたたかい家庭を築いて毎日を送っています。

二人の人生は明暗が逆転しました……。

人生って、
一寸先はわからないですね。

だから、
今、「自分は惨《みじ》めだな～」なんていうような

ひとこと説法　意気地なしの弁解

「できない」「無理」は、はなからやろうとしない人間の言い訳にすぎない。

八方ふさがりの人生を送っている人も
この先、どうなるかはわからないですよ。
ホントに……。

どんなときでも
決してなげやりにならない
ことから、人生の突破口は開けてくると思います。

きっと……。

悩んでもいい、嘆《なげ》いてもいい
ただ、少しでも前に進みたいのなら……、

今、自分ができることから
少しずつ始めてみましょう。

人生は、いつでも七転び八起きですから。

ひとこと説法 気づかぬ奇跡

日常、当たり前に思っていることは、実は、奇跡の連続なのだ。

○心が折れやすい人へ……

強い弱いの問題じゃない

私自身が共感した言葉を紹介いたします。

最も強い者が生き残るのではなく、
最も賢い者が生き延びるのでもない。
唯一《ゆいいつ》生き残るのは、変化できる者である。

チャールズ・ダーウィン氏の言葉より

現代の社会は、一人一人にかかる精神的負担が大きく、
その圧力に、心が折れてしまう人が増えているように思います。
ゆとりのない社会、そのゆがみで多くの人があえいでいます。

それでも、
「もっと強い意思を持った人間になりたい」
「何事にも負けない人間になりたい」
と皆が頑張っています。

しかし、人間、そう簡単に強くなれるものではありません。
頑張っても、頑張っても、
人には限界というものがあるのです。

それでは、弱いままの人間は、

ひとこと説法　逃

苦しい事から逃げると、嬉しい事も来ない！

社会から排除されてしまうしかないのでしょうか⁉

そうではありません！

私がこれまで経験した中で、
私自身、ひとつ考え違いをしていたことがあります。

それは、何かと言うと……
「強くならなければ生き残れない」
という考え方です。

大きな考え違いでした。
この社会で生き残っていく人、それは決して、
圧力に対して強さではねのける人ではなく

圧力を上手くかわせる人なのです!!

つまり、強さではなく、

しなやかさを身につけた人なのです。

多くの人が、無理に強くなろうとして、
真正面から、まともに圧力を受けてしまうから、
心が折れてしまうのです。

そうではなくして、圧力を

まともに受ける

のではなく、要所要所で、

上手くかわす

ひとこと説法　老いるとき

人は年齢で老いるのではなく、生き甲斐を失くしたとき、老いるのだ。

でいいのです。

そうすれば、無理に強い心を持とうとする必要はなくなるんです。

弱くていい、
弱いままでいいんです。

強さの代わりに、
しなやかさを持ちましょう。

しなやかさは、強さ以上に頼もしい味方となります。

ボクシングを例にとっても、
ただ攻撃力が強いだけのボクサーが、
チャンピオンになれるのではありません。

それ以上に、防御（ガード、スウェーバック、サイドステップなど）が上手いボクサーが、チャンピオンとなれるのです。まともにパンチを受けさえしなければ、ダメージもないのです（笑）。

一見、強く思えるような人も、実は、弱い面をたくさん持っているんです！

ただ、それを上手く見せていないだけのことなんです！

「自分は、心が弱い」と惨《みじ》めにならなくてもいいんです！

弱くても生き残るための方法を得ましょう‼

ひとこと説法　比べるもの

他人よりも優れているかどうか、ではなく、過去の自分より成長できるかどうかだ。

強くではなく
しなやかであれ！

竹のようにしなやかになれれば、そう簡単には折れないですよね。
強くなくてもいいんです。人生、しなやかに。

○ 束縛があるからこそ……

逆境の中で生きるその意味は……!?

私自身が感銘を受けた言葉をご紹介させていただきます。

束縛があるからこそ
私は飛べるのだ
悲しみがあるからこそ
高く舞い上がれるのだ

ひとこと説法　人の輪

人との繋がりは大切、しかし、ただ群がるは人の輪にあらず。

逆境があるからこそ
私は走れるのだ
涙があるからこそ
私は前に進めるのだ

マハトマ・ガンジー氏の言葉

私は、本当に不器用な人間です。
何をするにも、かなりの苦労を必要とします。
しかし、

不器用だからこそ、
努力することを覚えました！
不器用だからこそ、
人のつらさを我が苦しみとできました！
不器用だからこそ、
達成したときの喜びを知りました！
不器用だからこそ、

ひとこと説法　言いたいことを言うとき
自分の言いたいことを言うときは、感情ではなく、心を込めて言うこと。

謙虚な心で生きることを学びました！

私は、

不器用だからこそ、
たくさんの大切な心を
得られたんです。

歴史に、その名を記す多くの偉人は、
逆境の中で人生に光明を見出しました。

ベートーベンは耳に音を失って、なお、

多くの名曲を生み出しました。

野口英世は幼少期に手に大火傷を負いながらも、
医学の分野で多大な業績を残し、
また、多くの人を病の苦しみから救いました。

ヘレン・ケラーは、三重苦のハンディを克服して、
世界中の人々に、希望と勇気を与えました。

たとえ今、逆境にあろうとも、それは、
大切な何かを得るための過程なんです。

逆境こそが人生を切り開く！
逆境こそが人を育てる!!

ひとこと説法　できる、できない

「……だからできない」と言う人間は、“……”が満たされても、できない。

逆境の中には必ず光がある。

逆境は、人生にとって決してマイナスではないんです。

人生を開くための鍵とは⁉

第一歩

人生が開けている人、開けていない人、
皆、人それぞれ、様々ですが……。

人生が開けていない人のひとつの特徴として、
挙げられることが、実はあります。
それは、

行動力のなさ

です。

ひとことと説法　実行力

いくら思慮深い人間でも、実行力がなければ、先へは進まない。

私も若い頃から、
どちらかといえば **消極的な人間** だったので、
行動力が乏しかったことから、
なかなか人生が開けていきませんでした。

数年前、僧侶となるために
長期間修行することを決意したのですが、
その新しい第一歩は、私にとって、
とてもとても **勇気** のいることでした。

何が待っているか、わからない⁉
そんな世界に、いち修行僧として飛び込むわけですから
正直、**恐かった** です。
しかし、あのとき、**新しい第一歩** を踏み出せたからこそ、
僧侶として、今の自分があるのです。

私の人生は、あの
新しい第一歩への決断
がなければ、まったく違うものになっていました。

人生がイマイチ開けていない人の特徴、それは、
考えてばかりで、行動に移せない
ということだと思うのです。
言い換えれば、
考えてから、行動するという習慣が、
人生の扉を閉じてしまっているのです。

ひとこと説法 精進

精神は、鍛錬によってのみ磨かれる。精進あるのみ。

なぜ、行動に移せないのか？

それは、
失敗やリスクを恐れすぎているからです。
余計なことを、あれこれと考えすぎてしまっているんです。

では、どうすればいいのか？

それは、
考えてから、行動する
をやめて、
行動してから、調整していく
にしたほうがいいのだと思います。

つまり、実際に行動を起こしてから、
まずい点だけを修正していけばいいんです。

あまりにもリスクの高いことは別にして、
大抵のことは、

考えるより、まず行動

です。

なんだかんだいっても人生は、
やって後悔するより、
やらずに後悔することのほうが
ずっと多いんです。

ひとこと説法 フーリッシュ・プライド

本当に立派な人間は、自分を誇張したりはしない。

人生を開くカギ、それは、
新しい第一歩を
踏み出すための
ほんのひとにぎりの勇気
です。

第一歩目がなければ、
二歩目から先は、
永遠にないんです!

人生を開くカギは、
新しい第一歩を
踏み出せるか⁉
踏み出せないか⁉

です。

誰だって、第一歩目は恐い
でも、恐かったけど、
私は踏み出しました。

できるんです！
誰にだってできる！

第一歩こそが
運命を開く。

第一歩目が一番恐いんです！

ひとこと説法　失敗は勲章

挑戦をしなければ、失敗もない。失敗は、立ち向かった者の勲章。

でも二歩、三歩と進めば、そうでもないんですよ！
大丈夫。
人生、ときには思い切りも必要です‼

人生を変えるキッカケ

悩みが悩みでなくなるには

私は、以前つとめた職場で、
もろに **パワーハラスメント** を受けたことがありました。
その上司は、私のことを目のかたきにして、
執拗《しつよう》なまでに **嫌がらせ** をしてきました。
そんなことが毎日続くと、
さすがに私も精神的に追いつめられていきました。

私は、このままではイケないと思い、
気分転換も兼ねて、休日に登山をすることにしました。
何か新しいことにチャレンジをすることで、

ひとこと説法 できることをやろう

できないことにいつまでもとらわれているから、できることが始められないのだ。

人生を変えるキッカケができればと考えたんです。

当日、空は晴れ渡り、まさに登山日和となりました。
しかし私は、そこで、
とんでもない**恐怖体験**をすることになってしまいました。

山の中腹まで登ると、
大きな曲がりくねった道になりました。
その道を曲がりきったそのとき……
恐怖の出来事が起こりました。

黒い大きな動物が、
私の目の前を横切っていったのです。

な……なんだ今のは。

く……熊だ。

うわっ！

熊は、そのままどこかに去っていったようですが、
もしかしたら、また戻って来るかもしれないと思うと、
怖くて、その場から動けなくなってしまいました。
あぶら汗ダラダラ
心臓はバクバク。

本気で、

「ここで人生の最期を迎えてしまうかもしれない」

と思いました。

ひとこと説法　賢い人

ただ頭のいいだけの人は、能力をひけらかす。真に賢い人は、能力があってもあえて見せない。

結局私は、頂上へは行かず、
そのまま麓へ引き返しました。

家に帰って、命が無事であったことに安堵して、
その日は、ぐっすり眠りました。
しかし、この恐怖体験が、
私にとって大きな**意識改革**となったのでした。

翌日、職場に行くと、
相変わらず、私のことを忌み嫌っていた上司に、
イヤミを受けたのですが、
以前に比べて、気にならなくなりました。

「こんな人、熊に比べたらどうってことはない」
「別に、命を奪われるわけじゃない」

と、**一段高い意識**で、ゆとりを持って、
物事をとらえられるようになったのです。

山で熊と遭遇したことで、
日常のグチャグチャした出来事が、
小さいことに思えるようになりました。

それまで悩んでいたことが、
悩みでなくなってしまったんです。

命を奪われることに比べたら、
しょせんすべては、
小さいことです!!

ひとこと説法　苦楽

楽しいときには、浮かれすぎず。苦しいときには、落ち込みすぎず。

今、命がある
今、生きている
人は本来、
それだけで
幸せ。

……と、心から思えるまで日々修行ですね。

○感謝の光を、さらに輝かせるために……

誰にでもできるプチ修行

ほんの小さなコツの積み重ねで、人生は大きく好転していきます。
今回は、そんな小さなコツを紹介いたします。
私は、これを **プチ修行** と呼んでいます。

人生、上手くいっている人、上手くいっていない人、
人それぞれ、様々ですが、
上手くいっていない人には共通点があります。
それは、

感謝の言葉が足りない

ひとこと説法　四季に学ぶ

冬の寒さがあるからこそ、春は暖かい。夏の暑さがあるからこそ、秋は涼しい。

ことです。

人は、他人から感謝されると、無条件に嬉しいものです。
だから、感謝の言葉を意識して積極的に使える人は、
えてして、人生が上向きになっていくんです。

「ありがとう」

という回数が多ければ多いほど、いいんです。

……と、ここまではどこにでもよくある話ですが、
さらに、**私流の感謝の仕方のコツ**を紹介しちゃいますね。

それは、「ありがとう」という言葉に、
さらに**気持ちを込めた添え言葉**を必ず加えるというものです。

例えば、キレイな花束をもらえば、誰だって嬉しいですよね。
さらに、そこにメッセージカードが入っていたら、嬉しさ倍増ですよね。

そこなんです！

ほんのちょっとの気遣いができるかできないかで、
印象がだいぶ変わってくるんです。

つまり、

花束＝「ありがとう」
メッセージカード＝添え言葉

とイメージしてください。

具体的に例を挙げると……

ひとこと説法　たとえわずかでも
一歩進める今日でありたい。

友人に対しては、

「ありがとう」

「やはり持つべきものは、友達だなって思ったよ」

職場の先輩に対しては、

「ありがとうございました」

「本当に助かりました、心から恩にきます」

恩人に対しては、

「ありがとうございます」

「たいへん勉強になりました、さすがです」

この「ありがとう」のあとに、
もうひとことを添えられるか、添えられないか⁉
これが、自分自身のプチ修行です。
「ありがとう」のあとに、ひとこと、
ウソ偽りのない気持ちのこもった言葉を添えることで
感謝の光が、よりいっそう光り輝くんです。

自分自身のプチ修行です。

人に「ありがとう」を言うとき、
必ず添え言葉を加える。

ひとこと説法 疲れの原因

自分でない自分を演じるから疲れる。

ほんの少しのひと努力で人生は変わる。

人生、日々修行。
相手に言われて嬉しいことを、自分自身が言ってみることですね。

○喜べる一瞬のために

毎日が苦しいことの連続の人へ

先日、ウチのお寺に、
知人のお坊さんの若夫婦が遊びに来てくださいました。
とても信仰心のあついお二人で、
楽しいひとときを過ごすことができる……。
かと……
思いきや……
それどころでは……
なくなってしまう……
もう一人のゲストが……いました。

ひとこと説法　思い込み

ダメ人間なんていない。ダメだと思い込んでいる人間がいるだけだ。

ご夫妻のお子様なんですが、
これがまた、
稀《まれ》にみるとてつもない
スーパーやんちゃボ〜イ。

とにかく家の中で、
動く、暴れる、
駆けずり回る！
お菓子はぶん投げるは
障子は破くは
泣くはわめくは、

と思ったら、笑うは！

と……

とてもにぎやかなひとときでした。

たった数時間で、疲れ切ってしまった私……

もう

クタクタ

でしたよ。

これを母親は、

四六時中、面倒をみるのですから大変なことです。

子育ての苦労が身に染みました……。

ひとこと説法　自分の弱さ

弱いことは恥ではない、個性だ。

まさに

子育ては、
人生の大修行

です。

私は、世の中の子育てされているすべての母親の皆さんを、
心から尊敬いたします。

しかしながら、
苦労が絶えない子育てであっても、きっと
喜びを感じる瞬間があるんですよね。

だからこそ、人間は、

どんな苦労をもいとわないのです。

子育てに限らず、何かと苦しいことの多い世の中ですが、

喜べる一瞬のために
今日も生きていきましょう。

大切なことを学ばせてくださった、
やんちゃボ～イとそのお母さんに心から感謝いたします。
どうせ苦労するなら、愉快に楽しく苦労したいですね～。

ひとこと説法 最良の返答

わからず屋への返答は、ただ沈黙あるのみ。

○御来光（朝日）は、なぜに美しい⁉

痛い思いがあってこその人生！

御来光《ごらいこう》（朝日）って、素晴らしいですよね。
御来光が、なぜ美しいのか⁉
考えたことはありますか？

私たちに、まばゆいばかりの光を与えてくださる御来光。
しかし、光り輝くこと、壮大であることだけが、
美しさの理由ではないんです。

意外に気がついていない、もうひとつの理由、

それは何か???

実は、あの形、
つまり**まるいということ**が美しさの理由なんです。

もしも、あの太陽の形がまるではなく、
ゴツゴツしていたならば、どうなるかというと……
やっぱり美しくは感じないですよね（笑）。

なぜ、このような話をしたかというと、
実は私たち人間の内面、つまり、性格や人間性といったものは、
あえて形にすると、**まる**ではなく、**ゴツゴツ**なんですね。

このゴツゴツが、
自分自身の苦しみを生み出してしまっているんです。

ひとこと説法　老いと若さ

世の中には、老いた若者と若い心を持った老人が存在する。

例えば人間関係でいえば、内面がまるい者どうしならば、
その名の通り、円満な関係を築くことができます。

しかし、ゴツゴツした者どうしですと、そうはいきません。
そのゴツゴツと出っぱった部分で、ぶつかってしまうんです。

かくいう私も、もっと若い頃は、
きっと、出っぱりまくっていたんだと思います。
けっこう人とも、ぶつかっていました。
しかし、**何度もぶつかって、**
痛い思いをして、
出っぱっていた部分を砕きながら、
少しずつ、少しずつ、まるくなって、
人として成長していけたのだと思います。
今では、人と争うようなことも、かなり減りました。

人は、何度も何度も
痛い思いをして、
人として成長していく！

出っぱりが砕けて
まるくなっていけば、
今まで苦しんでいたことが
苦しみでなくなる！
今まで許せなかったことが
許せる自分になれる！

ひとこと説法　正攻法がダメなら

ハードルを飛び越えられないなら、いっそのこと倒してしまえ。

人生とはまるくなるための修行

みんな、御来光のごとく輝けばいい。明るく、大きく、そしてまるく。

○のび太くんの生き方に習う人間学

不自由な中にも実は気づかないメリットがある

人生、思うようにいっていない人って、けっこう多いですよね。
私も、その一人です。

しかし、
思うような人生を手に入れた人が、
幸せになっているかというと……
必ずしもそうとは限りません。
事実です。

なぜか？

ひとこと説法　不幸は過程

幸福になるための過程として、いくつもの不幸が存在する。

その答えは、『**ドラえもん**』の中にあります。

え？

と思うかもしれませんが、まあ、聞いてください。

私が子供の頃、よく読んでいた『ドラえもん』。
その『ドラえもん』のストーリーには、実は、
必殺の黄金パターンがあります。
わかりやすく以下にまとめます。

①のび太くんに何か困った出来事が起こる。

②ドラえもんに相談する。

③四次元ポケットから未来の道具を出してもらう。

④その道具の力で、問題を解決する。

⑤ところが、それにあきたらず、
道具の力で調子に乗ってしまうのび太くん！

⑥あまりにも調子に乗りすぎて、足元をすくわれる。

⑦結局、さらに大きな問題を引き起こして終わる。

以上です。

これで、おわかりでしょう！

そう。人間誰しも、あまりにも人生が思うようにいってしまうと、
調子に乗ってしまうんです。

ひとこと説法 心が折れやすい人

心が折れやすい人って、人に優しすぎる人だと思う。

そして、どうなるかというと……
みずから墓穴を掘って、ヤケドしてしまうんです。
ヘタをすれば大ヤケドを負ってしまうことだってある。

これぞ、まさに、

自業自得。

ところがです。
人生思うようにいっていないと、少なくとも調子には乗りません。
謙虚なままの自分でいられます。

そりゃ〜、いいことも少ないかもしれませんが、
無難な人生だからこそ、リスクも少ないといえます。

だから、思うようにいってないからといって、
気落ちすることなんてないと思います。

調子に乗って、大ヤケドをするより、
何事もなく、平穏なほうがずっといいんです。

そう思えば、ふだんは気づきませんが、
思うようにいってないからこその
メリットだってあるんです。

人生、
思うようにいってないことが
決して、不幸なことではない

ひとこと説法　ただし

心配はしなくていい。ただし、油断はするな。

ということですね。

私たちは日々見えないところで
護《まも》られている。
ただそれに気づかないだけ。

日々に感謝。

不満を言いたくなるときも多々あるでしょうが、
それでも、今ある条件の中で、
ひたむきに生きている人こそ素晴らしい。

〇求めているものを見つけるには……

チャンスはどこにでもある!

私はもともとブログというものにはまったく興味がありませんでした。
ではなぜ、ブログをやっているのか。

実は、つとめ先でブログを始めることになり、
皆で交代で記事を書くことになりました。
私は、興味なかったので正直、

「めんどくさいな～」

と思っていました。

ひとこと説法　積み重ね

小さいことでも、積み重ねれば、いつか飛躍するときがやってくる。

私の中で、
ブログ＝自己満足のために綴《つづ》るもの
という先入観があったので、
「どうせこんなもの、誰も見ないだろう」
という思いが強かったのです。

実際、そのつとめ先のブログは、あんまり人気が出ず、
「それみろ、こんなことやったって意味がない！」
ぐらいにしか思いませんでした。

そんなある日、
順番で、私がブログを書くことになったのですが、
ネタがなくなってしまい、仕方がないので、その日法話で話した内容を、

そのまま打ち込んでブログをアップしました。

すると、
ものすごい**反響**が返ってきました。
ビックリでした。

「心にしみました」

「救われました」

「有り難いお話いただき感謝いたします」

「あたたかい気持ちになりました」

などなど……。


なぜ？

ひとこと説法　取り越し苦労
人は、恐れなくてもいいことで気苦労が多い。

こんなことに？？？

ブログがこんなにも、
人の心に影響を及ぼすものだとは思いませんでした。
私がそれまでいだいていたブログというものに対する概念が、
一八〇度変わりました！

ブログ＝自己満足のために綴るもの

から、

ブログ＝自由な表現の場

となったのです。

つまり、ブログって、使いようによっては、
灰にも**ダイヤモンド**にもなるんですね。
しかも、私のようなまったく無名の人間であっても
日本中の人たちに、そして世界に、メッセージが発信できるんです!!

そう考えてみれば、ブログってスゴイですよね!!

それから私は、本格的にブログのことを勉強して、
『小さな町の小さなお寺のお坊さん』のブログを
立ち上げるに至《いた》りました。
今ではブログは私の**大切な宝物**となっています。
最初は、あんなに興味なかったのに……(笑)。

実は私は、僧侶になって以来ずっと、

ひとこと説法 幸せは内から

幸せは、外からではなく内からもたらされる。幸・不幸は、自分の心しだい。

自分の力を発揮する場所
を見つけられないでいました。

「もっと布教がしたい！」

「仏様の教えや心を伝えたい」

もどかしい日々が、何年も続きました。


しかし、今、私は布教の場を見つけることができました。

永い間、思い描いていた悲願が、ブログという形で叶ったのです。

想定外でした。
まさか、自分がまったく興味がなかったブログが、
私にとって、最高の布教の手段になろうとは！

人生、何が自分の役に立つか、ホントにわからないですね。

学びました！

自分の求めているものって、
意外とすぐ近くにあるんだな

ということを。

今、目の前にあるものを
大切にする心から
何かが生まれてくるんです！

ブログも、

ひとこと説法　不必要な言葉

「遅すぎる」という言葉は、人生には必要ない。

ただの自己満足で終わってしまうのか!?

それとも、

人の心に響く素晴らしい存在となれるか!?

結局、

自分しだい!

つまり、どんな小さいことでも、
じゃけんにせず、**誠意**をもって取り組めば、
自分にとっての宝物へと変わる可能性があるということです!

私たちは、日常の中にあるたくさんの**チャンス、幸せ**に、
気づかないでいるのではないでしょうか?

本当に大切なものは実は、あなたの目の前にある。

宝物は、探すものではなく、気づくものです！

ひとこと説法　人は変わらないもの

人を無理に変えようとせず、その人の個性を活かすことを考えよ。

○性格の悪い人に対して……

相手のレベルにつきあわない

世の中には、**性格の悪い人**というのが存在します。
自分本位な振る舞いをしたり、
人を傷つける言葉を平気で言ったり、
意地の悪いことをわざとしたり……。

学校で、職場で、嫌な思いをされている方も、
少なくないのではないでしょうか。
かくいう私もこれまで、
さんざん**嫌な思い**を強いられてきた一人です。

しかし、その人の性格が、
突然いい人に変わるわけがありません。
自分も自分の性格を、簡単には直せないように、
他人も、性格を変えることは難しいのです。

かといって、
その性格の悪い人と仲良くなれるわけもありません。
どうすることもできないのでしょうか？
そういう人とも、嫌々つきあっていくしかないのでしょうか？

よく
相手が変わらないなら、
自分を変えるしかない
という言葉を耳にしますが、

ひとこと説法 味方・理解者

人生、たった一人でも、自分の味方・理解者がいてくれたら、それで十分。

いったい自分をどう変えていけばいいのか？

それは、

そういう人の言動が、
気にならない自分になれればいい
と思うのです。

つまり、
相手と同じ土俵にいるから、
嫌な思いをしてしまうのです。
その人が、一人で勝手に相撲を取るぶんには、
こちらはただ、**高見の見物**していればいいわけです。

ようするに、自分が相手よりも、

精神的に大人になってしまえばＯＫなわけです。

それにはコツが必要です。

私はこれを、

自分の中の気にならないスイッチをＯＮにする

と呼んでいます。

性格の悪い人を相手に、嫌な思いをしそうになったとき、私は、あるふたつの言葉を、自分に言い聞かせて、気にならないスイッチをＯＮしています。

それは何かというと……。

ひとこと説法　存在

この世に生まれたことに、意味のない人間など、一人もいない。

「こんな人のために悩んだら、時間がもったいない」

と、

「こういう人にだけはならないように気をつけよう」

という言葉です。

この言葉を心の中でささやくと、一瞬にして、
気にならないスイッチがONに入ります。

世の中には、歳だけは重ねても、
精神年齢の低い人が、残念ながらたくさんいます！

ようするに、そういう人は、
まだ子供なのですから、

こちらが相手と同レベルで
つきあう必要もないのです！

そういう人には、
このふたつの言葉を自分に言い聞かせて、
大人の対応をしちゃいましょう。
「こんな人のために悩んだら、時間がもったいない」
「こういう人にだけはならないように気をつけよう」

嫌な思いをしそうになったら気にならないスイッチをON

世の中、意地の悪い人ってけっこういますが、
そういう人の心って、結局不幸なんですよね。

ひとこと説法 成長する人

人を責める前に、己を省《かえり》みれる者こそ、人として成長を遂げる。

○困難に直面したときの選択肢！

壁か嵐か⁉

私自身が共感した言葉を紹介いたします。

**時間が多くのことを解決してくれる。
あなたの今日の悩みも
解決してくれるに違いない。**

デール・カーネギー氏の言葉より

人間誰しも、
何事もない平穏な暮らしを望んで生きています。
しかし人生、否が応でも、
さまざまな困難に遭遇してしまいます。
そんなとき、たいていの人は、
人生の大きな壁ととらえ、
乗り越えようと、立ち向かいます。

しかし、皆が皆、すべてがすべて、
乗り越えられるわけではありません。
無理に乗り越えようとしたことが、
かえって**アダ**になってしまうことだってあります。

困難に遭遇したとき、
私たちは、いったいどうすればいいのか。

ひとこと説法 真の自由とは

束縛から解放されるのが自由ではない。束縛の中にあって自在に生きてこそ、真の自由。

以前、私が派遣社員だった頃、
職場にイジワルな社員が一人いました。
皆、嫌っていたのですが、特に同僚は
その社員の言動に、ちくいち腹を立てていました。

そして常に、同僚は、

「あんなやつ、いつかこらしめてやる！」

と息巻いていました。

そんな同僚を、私はいつもなだめていました。

しかし半年後、ついに同僚の堪忍袋の緒が切れて、
そのイジワル社員と大ゲンカになってしまいました。
ところが、相手も一歩も引かず、
同僚は最後に捨てセリフを吐いて、そのまま職場を飛び出し、

二度と帰ってはきませんでした。
同僚はあまりの理不尽さに堪《た》えきれなかったのです。

しかし、それから数ヶ月後、
そのイジワル社員は、職場で問題を引き起こし、
左遷されてしまったのです。

同僚は、あと**ほんの数ヶ月**堪えていれば、
二度とイジワル社員とは顔を合さずにすんだのです。

彼の何がまずかったのか？

同僚は、人生の困難を壁ととらえ、
自力で、乗り越えようとしました。
それが、間違いでした。

ひとこと説法　自分らしく

自分以外の何かになろうとするから、人は苦しむ。

私や、他の社員は、
この困難を、壁ではなく、嵐ととらえていました。

つまり、
壁を乗り越えるのではなく、
嵐が過ぎ去るまで、持ちこたえる
ことにしたのです。

ここが、会社を辞めてしまった同僚との大きな違いです。
壁は、自分の力で乗り越えることができても、
嵐は、自力ではどうすることもできません。
しかし、いつかは通りすぎていくのです。

つまり、人生には、
自分の力で何とか解決できる問題もあれば、
すぐには解決できないような問題もあるということなのです。

自分の身にふりかかった困難の種類が、

壁か嵐か⁉

見極めることによって、その対応が変わってくるのです！

長い人生、困難を乗り越えるだけが、すべてじゃありません！

持ちこたえる
踏みとどまる
もしくは、待つ

という選択肢もあるのです！

ひとこと説法　可能性の在りどころ

自分の今いる環境の中に、無限の可能性が潜んでいる。

ときには、あせらず、
時間が解決してくれることを信じてみましょう!

嵐が過ぎ去るまでの辛抱

人生、自分の力ではどうにもならないことだってありますよ!
そんなときは、無理しちゃダメです!

嵐はいつか去る、ね。

好き嫌いをなくしていくには……

心の目を養う

私自身が共感した言葉を、紹介いたします。

美しい景色を探すな。景色の中に美しいものを見つけるんだ。

ヴィンセント・ヴァン・ゴッホ氏の言葉より

ひとこと説法　類は友を呼ぶ

自分の心を清めてこそ、清らかな人が集まってくる。

人間、誰しも **好き嫌い** があり、
受け入れられること
受け入れられないこと
を心の中に持っています。

しかし、できることならば、
好き嫌いは、なるべく少ないほうが、
よりよい人生を生きることが叶いますよね。

私も、まだまだ修行が足りず、
好き嫌いが、けっこうあります。

特に私は、僧侶になるにあたり、
ものすごい抵抗を感じることがありました。

それは、**丸坊主** になることです（苦笑）。
私は、学生時代〜社会人と、
それなりにビシッと髪型をきめていました。
なので、丸坊主になることは、嫌で嫌でたまりませんでした。

しかし、あれだけ嫌だった丸坊主ですが、
今は、**大好き** です。
なんと言っても、ラクです。

以前は、髪型を気にしていたので、
常に余計な労力が伴いましたが、
この髪型になってからは、そんな必要もなくなりました。

もちろん、すぐに好きになったわけではありません。

ひとこと説法　学ぶとは

「学ぶ」の基本は「まねる」こと。人を見本とすること。

時間をかけて、自分の考え方が変わっていったのです。

嫌いなものも、見方を変えれば、
好きになることもあるのだと実感しました。

私は、過去にも同じようなことを感じた経験があります。

私は、以前勤めた職場で、
大変、仕事に対して**厳格な上司**の下で、
働いていたことがありました。
厳しすぎて、毎日**苦痛**を感じていました。

それに比べ、隣の部署の上司は、穏やかで優しい方でした。
そのときは、うらやましく思っていました。
しかし、ある日、

私が、仕事で**とてつもないミス**を犯してしまいました。
皆、**「もうどうにもならない」**と言って、
さっさと帰ってしまいましたが、
その厳格な上司だけは、明け方まで一緒に残って
その**大失敗**を完璧にリカバーしてくださいました。
おかげで私は、始末書を免れました。
私が、上司に謝罪すると、

「部下の失敗は、私の責任だ！ 気にするな」

と言ってくださいました。

それ以来、私は、その上司に対する見方が、
すっかり変わってしまいました。

厳しい上司

ひとこと説法 ギヴ＆ギヴ

与えてこそ、与えることの幸せを知ることができる。

から

責任感の強い上司

に変わったのです。

丸坊主に対しても、

カッコ悪い髪型

から

飾りのないラクな髪型

と、考えが変わったように、

物事は、角度を変えて見れば、
違って見えるということを学びました。

同じ景色を見ても、
人それぞれ感じ方が違います！

なぜか!?　それは、

人間には、肉眼とは別に、
心の目があるからです！

美しいものを求めるのではなく、
そのものの中にある美しさを
見つければいいのです！

どんな景色にも、必ず、

ひとこと説法　知識

知識があるだけではダメ。人生にいかしてこそ本物。

そこにしかない美しさがあるように、
人にも、その人にしかない
素晴らしさが存在します！

そこを心の目で発見してみませんか？

心の目とは
物事の表面だけでなく
奥底にある素晴らしさに
気づくこと

第二部

悩んでいる人に力を与える言葉

○ネガティヴを ポジティヴに変換する！

現実に負けないための言葉！

こんな質問をいただきました……。

> 苦しい現実に、自分の心が負けそうになってしまったとき、
> 力を与えてくれるような言葉、何かありますでしょうか⁉
> あったら教えてください。

私も心の弱い人間です。
ちょっとしたことで、すぐ挫《くじ》けそうになってしまいます。
それでも私は、ここまで生きてきました。

決して強くなったわけではありませんが、
生きる中で、**身につけた智慧《ちえ》**があるんです。

今回は、私が苦しいとき、つらい現実に弱音を吐きそうなとき、
必ず口にしている言葉を紹介いたします。

人はとかく、つらく苦しい出来事をマイナスにとらえてしまいがちです。
しかし、実はその中にも**プラス要素**があり、
そこに目を向けることによって、
自分の気持ちを**前向き**に持っていけるんです。

つらく苦しい現実に自分の心が負けそうなとき、
その中のプラス要素に気持ちを持っていくための言葉……それは、

「しかし、だからこそ」

ひとこと説法　人の一生なんて

地球の歴史からすれば、人の一生なんて一瞬の出来事。その一瞬のために、悩まなくていい。

です。
この「しかし、だからこそ」という言葉は、
マイナスをプラスに転換する力を秘めています。
百聞は一見にしかず！
いくつか例を挙げてみます。

私は、人間関係に苦しんだ……
しかし、だからこそ、
人に優しくすることを学んだ！

私は、闘病生活を強いられた……
しかし、だからこそ、

健康の有り難さを知った！
私の人生は、挫折の連続だった……
しかし、だからこそ、
どん底から立ち上がる力を持った！

以上、こんな感じです。
人は自分の身に悪いことが降りかかると、
ネガティヴな方向に心を奪われてしまいがちです。

しかし、その中にあるプラス要素に気づき、
そこに自分の意識を集中させることによって、
その**悪循環の渦から脱する**ことが叶います！

ひとこと説法 悲しみ
悲しみには必ず、終着駅がある。

無理に強くならなくていいんです。
弱いままの自分でいいんです。

心の強さ、弱さの問題ではなく
そこにある光に気づくか、気づかないか

そこが問題です！！

強さに代わる智慧を！

ネガティヴをポジティヴに変換する言葉……

しかし、だからこそ

人生、いいことばかりじゃないです！
皆、そうです！
自分の心持ちを変えていくしかない。

ひとこと説法　不安

立ち止まるから不安になる。行動することによって、不安は消えていく。

○プレッシャーに弱い……

心をムチで叩く！

こんな質問をいただきました……。

> 私は、プレッシャーに弱い人間です。
> どうしたら、自分に襲いかかるプレッシャー対して、
> 強い心をもって立ち向かうことができるのでしょうか!?

人生、何事もなく、平穏に物事が進んでくれればいいのですが、ときとして、予期せぬ障害や窮地に立たされることがあります。

そんな状況に追い込まれると、
人間は**強いプレッシャー**を感じ、
どう対処していいのかわからなくなり、うろたえてしまいます。

しかし、そこから逃げたところで、
また、新たな障害に遭遇し、同じことの繰り返しになってしまいます。
それに立ち向かい、**克服する**ことでしか、
その先に進めないことだってあります。

自分自身の弱さに打ちかつためには、
どうすればいいのか⁉

私は、こんなとき、
自分自身の心に**ムチ**を入れるために、
ある言葉を言い聞かせます。

ひとこと説法　家族というもの
子の笑顔が、親の幸せであり、親の元気な姿が、子の幸せであるのだ。

それは、

「こんなときこそ、試されている」

という言葉です！

窮地に立たされたときや、
プレッシャーに自分が負けそうになったとき、

こんなときこそ……

という言葉を言い聞かせると、
自分を発奮《はっぷん》させ、**マイナス**をいっきに**プラス**に転換できるんです。
挫《くじ》けそうになったとき、困難に立ち向かう勇気を、
もう一度、甦《よみがえ》らせることができるんです。

この言葉は、まさに

心へのムチ

なんです。

さらに私は、気持ちが前向きな兆《きざ》しになってきたら、

ふたつ目のムチとして、

「やれる！ やってやる!!」

と言い聞かせます！

これが、とどめの言葉です。

ここまで来れば、

プレッシャーを逆に、自分への**潤滑油**にすることが叶います。

ひとこと説法　できる・できない

できないことを数えるよりも、できることを数えてみよう。

人間は常に、
自分の中の弱い心と闘いながら
生きているようなものです！

しかし、それは、
人として成長するための
必要な過程なのです！

乗り越えた向こうには、
きっと、美しい夜明けが
待っています！

プレッシャーを
自身の成長につなげましょう！

プレッシャーに打ちかつためには、
このふたつのムチを心に打つことです！

こんなときこそ、
試されている！
やれる！
やってやる!!

ひとこと説法　捧げる喜び

求めてばかりでは、一生、捧げることの喜びを知ることはできない。

○自分に自信が持てない人へ……

経験こそが、かけがえのない宝

こんな質問をいただきました……。

私は、若い頃から自分に自信が持てず、
何をやってもダメな人間です。
そんな自分が情けなくなります。
いったいどうすれば、自分に
自信が持てるようになるのでしょうか?

世の中には、**自信満々に明るく生きている人、**

逆に、**自分に自信が持てずいつも憂鬱《ゆううつ》に過ごしている人、**
人それぞれ様々です。

誰だって、自信を持って、胸を張って生きていきたいです。
ですが、自分に自信がない人間にとって、それは、
そうたやすいことではないのです。

しかし、よくよく考えると、
自分に自信が持てない人には共通して、
ある特徴が見られるのです。
それは何かというと……

何ひとつ、極めたことがない
ことです。

ひとこと説法　能力

自分の能力を使いきれていない人が、この世にはまだ、たくさん存在する。

つまり、換言《かんげん》すると、

何をやっても、中途半端《ちゅうとはんぱ》に終わる

ということになります。

私も元来、不器用な人間で、
なかなか自分に自信を持つことができませんでした。

何をやっても中途半端な人間でした。

しかし、僧侶となるために、
長期間の修行に臨《のぞ》み、それを最後までやりとげた経験が、
自分自身の大きな自信となりました。

それ以後は、
人生おいて、何か困難にぶつかっても、
「あの修行をやりとげられたのだから
今回も きっと乗り越えられる！」
と、自分自身に言い聞かせ、自信を持って、
立ち向かっていくことができるようになったのです。

つまり、自分に自信を持つために必要なこととは、
何かというと……

それは、ズバリ
何かを最後までやりとげる経験
です！

ひとこと説法　こだわりを捨てる
自分の中のこだわりを捨てられたとき、案外、人生は開けていく。

結果を残すことではなく、
最後の最後まで食らいついていくことこそ、
あとあと自信につながるんです。

まさに**経験**こそが**宝**なのです！

大きなことじゃなくていいんです！
どんな小さなことでもいいんです！

最後までやりとげることです！

その経験を繰り返すことこそが、
自分自身の自信の源となるのです！

自分にもっと自信を持ちたいのなら、
仕事でもいい、趣味でもいい、
余計なことは考えず……

最後まで やりとげること

ひとこと説法 気にしすぎると疲れる

自分が気にするほど、他人は気にしていないことが多い。

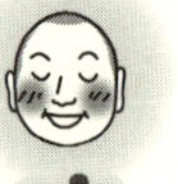

○自分の性格が嫌い

すべてが表裏《ひょうり》一体《いったい》

こんな質問をいただきました……。

私は、欠点だらけの人間です。
そんな自分の性格が嫌でたまりません。
どうしたら、そんな自分のことを
好きになれるのでしょうか⁉

人間の性格は、変えようと思って、
簡単に変われるものではありません。

無理に自分でない自分に変えようとすれば、
その副作用みたいなものが出てしまい、
結局、自分自身を苦しめる結果になってしまいます。

なので、自分を変えようとせず、
まず、ありのままの自分を受け入れることから
始めてほしいのです。

自分を好きになれないという人は、共通して、
自分の**欠点**を、**短所**としてとらえてしまう傾向にあります。

ここが、大きな間違いなのです。

人間の**欠点**とは、決して**短所**とは限らないのです。

ひとこと説法　幾多の失敗
一回の成功のためなら、何度、失敗を重ねてもいい。

欠点とは、**個性**です。
自分にしかないオリジナリティなのです。

ではなぜ、短所として、
マイナスにとらえてしまうのか？

それは、物事の**一面**しか見ていないからです。

どんなものも、すべて**二面性**を持っています！

表と裏、
光と闇、
柔と剛、
白と黒、

上と下、
右と左、
前と後
などなど……。

自分の欠点と思えるような性格も、
視点を変えれば、短所ではなく長所となりえるのです。

例えば、
ひとつのことに集中できない性格の人は、
そこだけ見れば、間違いなく短所です。

しかし、その反面、

ひとこと説法　人生の尺度
「ああしなければならない」「こうしなければならない」という思い込みが、人生を狭くする。

いろんなことを同時にいくつもこなせる
という性質も持っているのです。

それをいかせば、
欠点と思えた自分の性格も**長所**となるのです。

自分は、ひとつのことに集中できない人間だ！
で終わってしまえば、自分のことは好きにはなれません。
しかし、

自分は、ひとつのことに集中できない人間だ！
〝けど〟、
いろんなことを同時にいくつもこなせる人間だ！

と続ければ、自分のことを好きになれると思うのです。

他に例を挙げれば、

短気だけど、仕事をこなすのは早い人間だ
地味だけど、奥ゆかしい人間だ
弱いけど、人には優しい人間だ
話はへただけど、聞き上手な人間だ
平凡だけど、癒《いや》し系の人間だ
自己主張は強いけど、表裏がない人間だ
不器用だけど、ひたむきな人間だ

などなど……。

このように人間の性格は、**二面性**を持っています。

ひとこと説法　多忙

忙しいことは、いいことです。それだけ必要とされているのですから。

一面だけ見るのをやめて、**両面**を見ることができれば、
ありのままの自分を好きになれます。

この世に〝自分〟という人間は、
たった一人きりです！

一度きりの人生、
自分のことを嫌いになったら、
もったいないです！

自分のことを嫌いになりそうになったら、
〝けど〟という接続詞を使って、
自分には、もう一面があることに、

気づきましょう。

×××だ。
けど、
○○○だ！

ひとこと説法　欠点

欠点がない人間なんて面白味がない。だから、完璧じゃなくていい。

○人の欠点が気になる

他人は自分の鏡

こんな質問をいただきました……。

> 私は、他人の欠点が気になって仕方がありません。
> それが原因で疲れてしまいます。
> どうしたら、気にならないようになれるのでしょうか⁉

人の欠点というものは、気になるものです。

逆に、気にならない人のほうが不思議なくらいです。

なので、実は、

気になるか、気にならないか

ということが問題ではないのです。

気にして大いに結構です！

ただし、問題となるのは、

気にし方

です。

人の欠点を「許せない」

ひとこと説法 人生に不幸はない

人生に不便はあっても不幸はない。すべて自分の心が決めること。

と考えるのは、
悪い気にし方です。

相手を責めてしまうことで、
自分で自分を精神的に疲れさせてしまうのです。

どれだけ心の中で責めようとも、
人は根本的に変わらないのですから。

では、**よい気にし方**とは何かというと、
人を**自分の鏡**として見ることです。

つまり、人の欠点は、

自分自身の欠点を教えてくれているんだ

と考えることです。
例えば、
すごい短気な人に理不尽に怒られたら、
誰だって嫌な思いをしますよね。

しかし、
自分にも多少なりとも、
怒りっぽい性質がある！
それを教えてくれているんだ！
ととらえれば、
自分が人に対して同じようなことをしそうになったとき、
自制することができます。
人に、嫌な思いをさせずにすむのです。

ひとこと説法　良き思い出に
失敗したことほど、のちのち良き思い出に変わる。

「人の振り見て我が振り直せ」

のことわざのごとく、

人の欠点とは実は、自分自身を省《かえり》みるチャンスなのです。

「こういうことをしてはいけないんだ、気をつけよう」

と教えてくれているんです。

人間、自分が嫌な思いをすることで、

身を持って体験することで、

人として、成長できるんです！

それがなければ、知らず知らず、
自分も人に、嫌な思いをさせてしまうのです！

なので、
他人の欠点は気にしたほうがいいんです！

他人の欠点は
自分の欠点
でもある！

ひとこと説法 一年後の自分

人は成長する。だから今はダメでも、一年後はわからない。

○仕事のモチベーションが上がらない

退屈な人生から脱却するには⁉

こんな質問をいただきました……。

私は、会社勤めをして、
かれこれ二十年以上になりますが、
もはや出世街道からも外れ、
毎日、目標もなく、惰性《だせい》で仕事をしています。
まったくモチベーションが上がりません。
そんな惨《みじ》めな毎日から脱したいのです。
何か良い方法はありますでしょうか？

人間、やる気満々で、毎日を生きている人もいれば、
逆に、惰性でつまらなそうに生きている人もいます。
当然、誰だって、やる気を出して、
いきいきと毎日を過ごしたいに決まっています。

しかし、人間の気持ちというものは、
そう簡単にどうにかなるものでもありません。

やりたくもないような仕事を、
やる気を出してやれというほうが難しい話です。
かといって、そのまま虚《むな》しく人生を送るのは、
あまりにも寂しすぎます。

誰の人生だって、一度は輝いていたときがあるはずです。
その輝きを、もう一度取り戻すことはできないのでしょうか⁉

ひとこと説法　世の中をダメにする根源
能力は高くても、人徳が備わっていない人間が多すぎる。だから世の中、ダメになる。

そもそもなぜ、
やる気が損なわれるのでしょうか⁉

それは、

「生活のために仕方なくやっている」
「生きるためにしょうがなくやっている」

という意識が強くなってしまっているからです。

この、仕事に対する気持ち、

仕方ない、
しょうがない

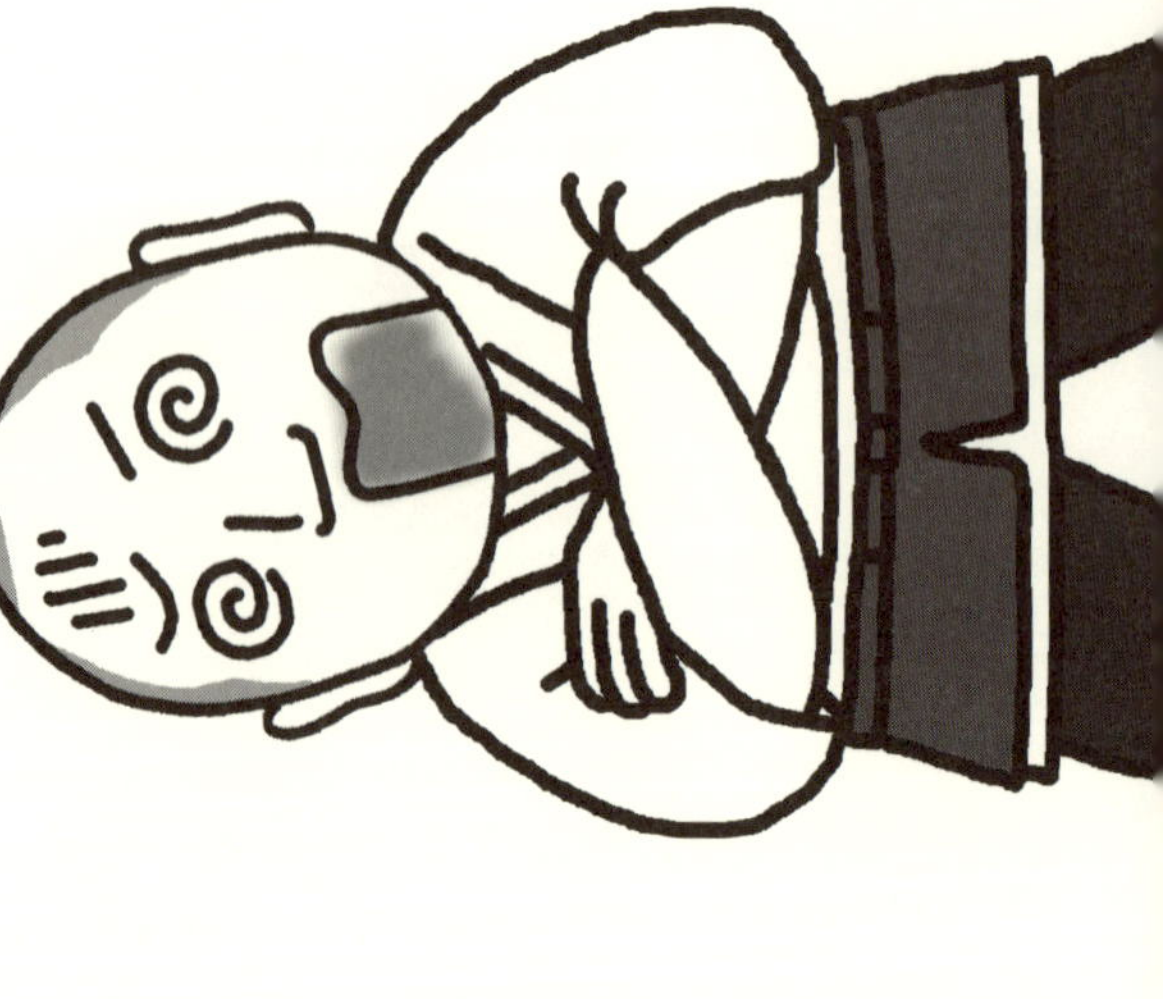

が問題なのです。
つまり、
仕事をする動機が消極的
すぎるのです！
これが、やる気を失わせている原因です。
では、どうすればいいか？
それは、
「●●のためにやっている」
の●●を、
消極的なものから、
もっと**積極的なもの**へと

ひとこと説法　苦しみこそが
苦しんでいるときこそ、人として成長しているとき。

変換すればいいのです。

例えば、

「生活のためにやっている」

では、

「やりたくないけど、生活のために仕方なくやっている」

になってしまい、やる気も失せます！

しかし、これを、

「家族を守るためにやっている」

に変換すれば、

「自分は、大切な家族を守るために、毎日闘っているんだ」

という積極的な気持ちになります！

他に例を挙げれば、

「生きるために、しょうがなくやっている」

を、

「自分自身を磨くためにやっている」

に変換すれば、

「たとえ、向いていない仕事であっても自分を成長させるための試練なんだ」

とプラスに考えられます。

ひとこと説法　真の修行の場

世の中でもまれてこそ、立派な人間となる。

「しょうがなくやっている」
「仕方なくやっている」
をやめて、
もっと自分にとってプラスとなるものに、
動機を変換すれば、モチベーションが上げられるのです。

人生は、
一日一日の
積み重ねです！

今日は、昨日の結果であり、

明日は、今日の結果となります！

つまり、
今日をどう生きるかで、
明日の自分自身のあり方が
変わるのです！

やる気なく、惰性で生きるか⁉
いきいきと今日一日を過ごすか⁉
すべて、自分の気持ちひとつです！

自分は何のために

ひとこと説法　自分の良さ

他人の尺度では、自分の良さは計れない。

生きているのか⁉
もう一度、
見つめ直してみませんか⁉

やる気は、動機からわき起こる。

第三部

お釈迦さまの教え

○キサー・ゴータミー

悲しみを乗り越えるための言葉

仏さまの説話から「キサー・ゴータミー」というお話を紹介いたします。

昔々、インドのある村に、キサー・ゴータミーという一人の女性がいました。

彼女は、結婚して間もなく、かわいい男の子を授かり、大切に育てていたのですが、男の子が歩き始めた頃、悲しいことに男の子は病で突然、逝ってしまいました。

彼女は、その事実を受け入れることができず、男の子を甦らせようと、必死に方々を訪ねてまわりました。

彼女は、最後にお釈迦さまに助けを求めました。

お釈迦さまは、彼女にこう諭《さと》しました。

「この村の家々を訪ねて、まだ一人も死者を出したことのない家から、ケシの実をもらい、それを子に与えるのだ。そうすれば、その子は甦るであろう」

彼女は喜び勇んで、村の家々をまわりました。

ところが……。

どの家に行っても、

「ウチは、昨年お祖父を亡くしたばかりですよ」

「ウチは、次男が生まれてすぐ亡くなってしまったんだよ」

「ウチは、亭主を亡くして、女手ひとつで子供を育てているよ」

ひとこと説法　失敗を帳消しにする

たとえ失敗し続けても、成功するまでやれば、それまでの失敗は、すべて帳消しになる。

などなど……。

死別の悲しみと無縁の家は、ただの一軒もありませんでした。

そこで初めて彼女は、自分だけが悲しい思いをしているのではないことを悟り、男の子の死を受け入れ、お釈迦さまの弟子になったのでした。

私たちは一生のうち、様々な悲しみを経験します。
家族との別れ、恋人との別れ、ペットとの別れなど、二度と会うことができない別れに、とめどなく涙を流すこともあるでしょう。
私もこれまで、たくさんの悲しみを経験しました。
家族を亡くし、親類を亡くし、友人を亡くし、

職場の同僚を亡くし、愛犬を亡くし、
そのたびに、涙が溢れました。

しかし、いくら悲しんだところで、
失ってしまったものを取り戻すことはできないのです。

人によって、深い悲しみから立ち直る人、
いつまでも引きずってしまう人、様々です。

本来、悲しみというものは、時間が癒《いや》してくれるものです。

それなのになぜ、引きずってしまうのか⁉

それは、時間によって悲しみそのものは癒えていても、
まだ、孤独感というものが残ってしまっているからです。

ひとこと説法 心

人の心を動かすものは、いつの時代も真心。

では、孤独感を拭《ぬぐ》い去るためには、どうすればいいのか？
ロングフェロー氏の言葉にこのようなものがございます……。

「雨は一人だけに降り注ぐわけではない」

つまり、孤独感を持つ人の心の中は、

「自分だけが……」

という思いでいっぱいなのです。

これが過《あやま》った自分自身の思い込みなのです。

ここを改めていけばいいのだと思います。

つまり、**「自分だけがつらい」**を、

「自分だけがつらいんじゃない」

と言い聞かせてみましょう。

たとえつらくても、

「自分だけがつらいんじゃないんだ」

と思うと、気持ちがラクになるんです。

もう孤独じゃなくなります。

悲しい目にあえば、誰だってつらいんです。

しかし、悲しむだけ悲しめば、
いつかきっと時間が、
悲しみを解《と》いてくれます。

ひとこと説法　学べない人

自己主張が強すぎる人間は、人から学ぶことができない。

皆、そうやって悲しみを
乗り越えていっているんです。
孤独感でいっぱいになったときは、
この言葉を唱えましょう……。

自分だけが、
つらいんじゃない！

○捨て縄の教え

人は染められやすきもの！

仏さまの説話から「捨て縄の教え」というお話を紹介いたします。

ある日、お釈迦さまが弟子たちを連れて歩いていると、道に一本の縄が落ちていました。

お釈迦さまは、弟子の一人ににおいを嗅《か》ぐように言いました。弟子は、

「この縄は、嫌なにおいがいたします。生臭い魚のにおいです」

と答えました。

しばらくすると、今度は一枚の紙が落ちていました。

お釈迦さまは、同じようににおいを嗅ぐように言いました。弟子は、

ひとこと説法　真の過ち

過《あやま》ちは誰でもある。それを改められないことが、真の過ち。

「これは、とてもよい香りがいたします。芳《かんば》しいお香のにおいです」

と答えました。

そこでお釈迦さまは、諭《さと》すように、

「縄も紙も、最初からそのようなにおいがしていたのではない。縄は、魚と縁を結ぶことで、生臭くなり、紙は、お香と縁を結ぶことで、よい香りになったのだ。

人もまた知らず知らず、交わる人によって善くもなり、悪くもなるのだ。交わる友は、心して選ばなければならない」

と教えられました。

「自分の人生を変えたい」

と思っている人は、多いと思います。

しかし、現実には、
何も変わらない毎日が、続いてしまっています。
どうしたら変えられるのか!?
そのひとつの答えとして、
つきあう人や仲間を変えてみる
ということが言えます。
私たちは、互いに影響し合って生きています。
つきあう人間によって、私たちは、
向上したり、逆に悪影響を受けたりもするのです。
たとえ、もともとよき資質を持った人間であっても、

ひとこと説法　もろい生き方
人生をわかったつもりでいると、意外なところで、つまずいてしまう。

悪しき友によって、人生を壊してしまう人もいれば、
素晴らしい縁によって、人生を飛躍させる人もいます。

私も、お寺の長男としてこの世に生を受けながら、
仏教には、まったく関心がありませんでした。

しかし、修行時代、よき恩師、よき指導者に恵まれて、
仏教の素晴らしさ、尊さを体感し、
僧侶として、高い志しを持つことが叶いました。

信仰に対しては、とても厳しい姿勢を持った恩師でしたが、
その奥底には、慈悲《じひ》の心が溢《あふ》れていました。

私たち修行僧を、

「よき僧に育てたい」

というお気持ちが、全身に伝わってきたのです！

私は、その恩師の期待に報《むく》いるべく、
これまで頑張ってきました。

もしも、違う方に指導してもらったならば、
私は、まったく違う僧侶になっていたと思います。

まさに恩師とのご縁が、私の人生を変えたのです！

人生には、ふたつの勇気が
必要となります。

ひとこと説法　人生はわからない

苦しみが幸せを呼び、喜びが不幸を招くことだってある。

ひとつは、
悪しき縁を
絶つ勇気！
そして、もうひとつは、
よき縁を
みずから求める勇気！

この勇気を持てれば、
人生は好転していきます！

人は、縁や環境によって何色にも染まる！

ひとこと説法　道の選択

自分が選んだ道が間違っていたかどうかは、結局、そのあとの自分しだいで決まってくる。

○地獄の国と仏の国

同じ条件下であっても

仏教の逸話から「地獄の国と仏の国」というお話を紹介いたします。

　昔、ある者が地獄の国の食事をのぞきに行きました。

　テーブルの上にはご馳走がずらりと並んでいました。しかし、それを食す方法は、一メートルもあるような大きなスプーンしかありませんでした。

　目の前にご馳走があるにもかかわらず、誰一人、スプーンが長すぎるため食べることができず、地獄の住人は皆、骨と皮ばかりにやせこけ、常にイライラが絶えませんでした。

次にその者は、仏の国の食事をのぞきに行きました。

しかし、そこも地獄の国の食事と同じく、テーブルには、一メートルもあるような大きなスプーンしかありませんでした。

ところが、仏の国の方々は、その大きなスプーンを使い、向かいあった相手に、お互いにご馳走を食べさせあっていたのでした。

仏の国の方々は皆、喜びに満ち溢れ、常に笑顔が絶えませんでした。

私たちは、とかく物事が上手くいかない理由を、環境や他のもののせいにしてしまいがちです。

確かに今、

生きづらい世の中であることは間違いありません。

ひとこと説法 世の中を築くのは私たち

押しの強い人間だけが、大手を振って歩くような世の中であってはならない。

しかし、

「すべて世の中が悪いんだ」

と言ったところで、

自分自身の人生が、よくなるわけがありません。

同じ条件下にあって、人間にはふたつの生き方があるのです。

それは

今ある状況を嘆《なげ》くだけの人生

と、

今ある状況を活かす人生

です。

つまり、物事のマイナス面ばかりにとらわれ、

「この状況じゃ何をやってもダメだ」

と思うか⁉

それとも、その中にあるプラス面を見い出し、

「この状況の中でしか学べないことがある」

と思うか⁉

それによって、人生は変わってくるのです。

地獄の国の食事と、仏の国の食事は、

まったく同じ条件でした。

しかし、その心の在りようによって、

地獄となるか、浄土となるか、決まってしまいました。

ひとこと説法　能力がない

「自分に能力がない」というセリフは、死ぬほど努力してから言えばいい。

同じように私たちも、今ある環境の中で、
どのような心持ちで生きるかによって、
そこが地獄となるか浄土となるかが決まってしまうのです。

たとえば、ある職場で不満があって転職しても、
そこには、また新たな不満が生じてしまうのです！

結局、どうどうめぐりです！

自分の都合に合った
完璧な職場なんて、
どこにもないんです！

それよりも、まず、今ある環境の中で

自分が学べることがきっとあるはずです！
そこに意識を向けていきましょう！

その環境でしか
できないことが
必ずあります！

そこが、地獄となるか、
浄土となるかは、
自分しだい！

ひとこと説法 変える

周りが変わるのを期待しても、何も変わらない。しかし、自分自身を変えることはできる。

○周利槃特（しゅりはんどく）

不器用でいい

仏さまの説話から「周利槃特《しゅりはんどく》」というお話を紹介いたします。

お釈迦さまの弟子に周利槃特という者がおりました。

彼は、弟子の中で一番物覚えが悪く、自分の名前さえ忘れてしまうほどでした。

他の弟子たちからバカにされていた周利槃特は、自分のダメさ加減が情けなくなり、

お釈迦さまに

「私はあまりにも出来が悪いので、ここにはもういられません」

と言いました。

そのとき、お釈迦さまは周利槃特を諭《さと》すようにおっしゃいました。

「自分を愚《おろ》かだと思っている者は、愚かではない、

自分のことを賢《かしこ》いと思いこんでいる者こそ、本当は愚か者なのだ」

そしてお釈迦さまは、彼に、修行として掃除をすることを課しました。

さらに、掃除をしながら「塵《ちり》を払い、垢《あか》を除かん」と称えるように言いました。

「これなら、私にもできそうです」

と周利槃特は、お釈迦さまに言われた通り、一心に掃除をしました。

一年が経ち、二年が経ち、気がつくと何十年という時が経っていました。

それでも彼は、お釈迦さまを信じて、この修業をひたむきに続けました。

ひとこと説法　案ぜよ

失敗することよりも、チャンスを逃してしまうことのほうを案ぜよ。

最初はバカにしていた他の弟子たちも、しだいに彼を認めるようになりました。

そしてある日、彼は、

掃いても掃いてもいっこうになくならないこの塵と垢の姿こそが、人間の心に中にある煩悩《ぼんのう》そのものだということを悟ったのでした。

そして、これこそが第一の悟りの境地であり、

この修業を一筋に貫いた周利槃特は、

誰よりも早くこの境地に達したことを、お釈迦さまに認めていただいたのです。

世の中には、

何をやっても人よりも劣っている人間、

何をやっても不器用な人間

が存在します。
それは、先天的なことからくるものが強く、
どうにかしたくても、どうにもならないものなのです。

かくいう私自身が、まんまそのものですので、
これまでかなり、自分自身の不器用さに苦労してきました。
学生時代も、成績はそこそこでしたし、
サラリーマン時代も、出来のいい社員ではありませんでした。
修行時代も、劣等生でした。
そんな不器用な自分が嫌いな時期もありました。

しかし、どうあがいたところで、
それが、**ありのままの自分の姿**であり、
それを、受け入れて生きていくしかないのです。

ひとこと説法　人生の三訓

・始めること・続けること・やり遂げること。

だから、この周利槃特のお話は、
まるで、自分のことのように思ってしまいます。
このお話は、私のような

不器用な人間の模範

となるものです。

昨今、せっかく就職しても
三年以内に離職してしまう人が増えていると聞きます。
しかしながら、
たとえ離職しても、人生が良くなることは稀《まれ》なのです。

なぜなら、今は、何の仕事に就いても、
何かしらの困難がつきまとうからです。

確かに、目の前の現象だけにとらわれてしまうと
人生が嫌になってしまいます。
嫌なことが毎日のように続けば、
誰だって、そこから逃げたくなります。

しかし、

つらいから逃げるのではなく、
逃げるから、よりつらくなる
のです。

不器用でいいんです。
人より劣っていたっていいんです。

それが、どうしたっていうんですか！

ひとこと説法 向き、不向き

自分が何に向いているかわからないなら、何でもやってみよう。いつか わかる日が来るさ。

世の中には、大器晩成といって、
苦労した経験をいかして、
のちのち素晴らしい人生を手にする人だって多いのです。
それは、**耐えがたきを耐えた結果**なのです。

今すぐに、活躍できなくたっていいんです。

人生は長い！

決して、焦《あせ》ることはないんです。

上手くいかなくてもいい。
人間、苦しんだ数だけ成長してるんです。
挫《くじ》けそうになったときこそ、
己《おのれ》の内面を磨く最大のチャンスなんです。
その経験こそが、のちのち**人生の宝**となるんです。

才能がなくていい！
能力が低くてもいい！

仏さまは、あえてそういう試練を
与えてくださったのだと、私は、信じています！

不器用な人間が
ひたむきに
生きるからこそ
そこに感動が
生まれる!!

ひとこと説法　努力という種

種をまかなければ、花は咲かない。努力をしなければ、人生は開かない。

○長者の万灯より貧女の一灯

豪華なものより、ずっと大切なもの

仏さまの説話から「長者の万灯より貧女の一灯」というお話を紹介いたします。

昔々、インドのある町に一人の貧しい女性が住んでいました。

ある日、その町へお釈迦さまがお越しになり、説法をしてくださることになりました。町の長者たちは、こぞって油を買い、お釈迦さまのために豪華な万灯を灯しました。

「私もお釈迦さまのお役に立ちたい」

と、貧しい女性は、自分の大切な髪を売り、わずかな油を手に入れ、小さな一灯を灯しました。

そして、お釈迦さまがお弟子を連れて町に近づいて来られました。すると突然、強風が吹き荒れ、たくさんあった灯明はみな消えてしまい、町は暗闇に包まれてしまいました。

しかし、たったひとつ、あの貧しき女性の灯だけは決して消えることはありませんでした。

そして、真心のこもったその小さな光は、お釈迦さまご一行を、無事に町へと導いたのでした。

現代の社会は、効率のよさ、合理性などを重視し、それに沿った能力の有無で、人の価値を決めてしまいがちです。

しかし、それだけで、本当に人の価値は決まってしまうのでしょうか⁉

ひとこと説法 改心

過《あやま》ちをひとつ犯してしまったら、それ以上の善行で取り返せばいい。

私たちは、この社会の中にあって、
“**大切な何か**”を忘れてはいないでしょうか⁉

私もサラリーマン時代、
様々な人たちと仕事をしてきましたが、
仕事をこなせる人間＝人として立派な人間
ではないことを、さんざん思い知らされました。

つまり、現代社会は、
能力が高いだけで、それに**人徳**が備わっていない人間が
あまりにも多すぎるのです。

人として尊敬できない人の下で働いている人たちが
その中で過剰にストレスを溜めこみ、現代病を患《わずら》ってしまうのです。

これはまさに、
この複雑で多様化しすぎた社会が生んでしまった
ゆがみなのです。

この「貧女の一灯」というお話……。

強風によって、町の長者たちの万灯はみな消えてしまったが、
貧しき女性が、お釈迦さまのために、自分の髪を売って、
灯した小さな一灯だけが、いつまでも消えなかったという……。

これは、**大金をかけたものよりも、**
わずかであっても真心のこもったもののほうが尊《とうと》い、
というたとえです。

このたとえを現代社会に置き換え、

ひとこと説法　努力しても

努力しても報われないこともある。しかし、努力なき者に夜明けはやってこない。

私たちは、何を学んだらいいのか⁉
それは……、
たとえどんな社会的弱者であろうとも、
その社会的地位や、能力の高さ低さに関係なく、
真心だけは持てる
ということなのです。

そして、それこそが、
人として**最も尊い宝**だということです。

だから今、自分がどのような状況にあろうとも、
すべてを失ったとしても、
「自分にはまだ、真心という宝物があるじゃないか」

と胸を張って生きていいのではないでしょうか。
この**真心**さえ、しっかり抱いていれば、
人としての誇りを失うことは、決してないのです。

年々、複雑化・
多様化していく
このストレス社会の中で、
今、本当に求められる心、
それは、真心です！

ひとこと説法　継続こそ光

たとえ向いていないようなことであっても、やり続ければ、何かしらの光明が見えてくる。

おわりに

　私はこれまで、数々のアルバイト、会社員、フリーター、派遣社員、福祉施設職員などなどの経歴を持っています。僧侶になるまでに十年以上もの間、実社会で生き、さらに正式に僧侶になってからも、特別養護老人ホームの職員として四年半ほど働きました。一見すると、仏道とは無縁の人生を歩んできたように思えます。しかし、それらの経験がなければ、私はまったく違う僧侶になっていたと思うのです。

　世の中の荒波にもまれ、悩み苦しみ、いくつもの壁にぶつかって、何度も挫折し、この身を通して自分自身が辛苦を味わって、そこから沢山の学びを頂戴してきました。現代社会で生き抜くことが、いかに困難なことか、嫌というほど思い知らされてきました。「苦しい……」、「もう嫌だ」、「もうダメだ」、そのときは、出口の見えない暗闇の中をさまよい続けました。特に、修行を終え僧侶となってから、縁あって福祉施設で働くことになったのですが、そこでの経験は、私にとってのちのち、大きな宝となりました。

私は、仏道修行を終えたことを自分自身の自信と誇りにしていました。しかし、介護の現場では、そんな自信も誇りも見事に打ち砕かれました。私は、息つく暇もないような介護の現場で振り回され、他の職員の足手まといになり、まるでボロぞうきんのごとく、情けない毎日を送りました。それがよかったのです。その情けないような自分を思い知らされたことで、「仏道修行をした」という自分の中の奢りを打ち消すことができたのです。己の未熟さを改めて思い知ったからこそ、今があるのです。

そんな私が、自分のこれまでの経験を中心に綴ったブログ、『伝えたい、大切なこころ〜小さな町の小さなお寺のお坊さんのブログ』を開設し、多くの方から支持を仰ぎ、半年を過ぎた頃、出版社より書籍化のお話を戴き、自分の可能性をさらに広げることが叶いました。これまでのすべての縁に感謝し、大切な心を伝え続けることで、恩返ししたく思っております。


二〇一二年四月、小さな町の小さなお寺のお坊さんこと 望月泰彦

そのままで大丈夫

小さな町の小さなお寺のお坊さんが伝えたい、大切なこころ

2012年5月5日　第1刷発行

著者　**望月泰彦**《もちづきたいげん》

発行者　**籠宮良治**

発行所　太陽出版
東京都文京区本郷4-1-14　〒113-0033
電話　03-3814-0471／FAX　03-3814-2366
http://www.taiyoshuppan.net/

印刷　壮光舎印刷株式会社
製本　有限会社井上製本所
編集　風日祈舎
イラスト　境 和美
装丁　梶原浩介（Noah's Books, Inc.）

ISBN 978-4-88469-739-6